SCM

Stiftung Christliche Medien

2. Auflage 2012

Bodenborn 43 · 58452 Witten
Internet: www.scm-collection.de; E-Mail: info@scm-collection.de

Soweit nicht anders angegeben, sind die Bibelverse folgender Ausgabe entnommen:
Neues Leben. Die Bibel, © der deutschen Ausgabe 2002 und 2006
SCM R.Brockhaus im SCM-Verlag GmbH & Co. KG, Witten.

Weiter wurden verwendet:
Lutherbibel, revidierter Text 1984, durchgesehene Ausgabe in neuer Rechtschreibung, © 1999 Deutsche Bibelgesellschaft, Stuttgart. (LUT)

Gesamtgestaltung: Miriam Gamper | Essen | www.dko-design.de
Fotos und Illustrationen: © Shutterstock, Hintergrundbild: © dreamstime
Druck und Bindung: Golden House Products, China
ISBN 978-3-7893-9504-8
Bestell-Nr. 629.504

Silke Gabrisch

In Liebe, Jesus

Himmlische Weihnachtsbriefe für dich

SCM Collection

Obwohl er Gott war, bestand er nicht auf seinen göttlichen Rechten.
Er verzichtete auf alles; er nahm die niedrige Stellung eines Dieners an
und wurde als Mensch geboren und als solcher erkannt.
Er erniedrigte sich selbst und war gehorsam bis zum Tod,
indem er wie ein Verbrecher am Kreuz starb.

Philipper 2,6-8

*Unser Weihnachtsfest bekommt Tiefgang,
wenn wir uns klarmachen, dass Gott den Weg in die Tiefe gegangen
und Mensch geworden ist.*

Martin Bogdahn

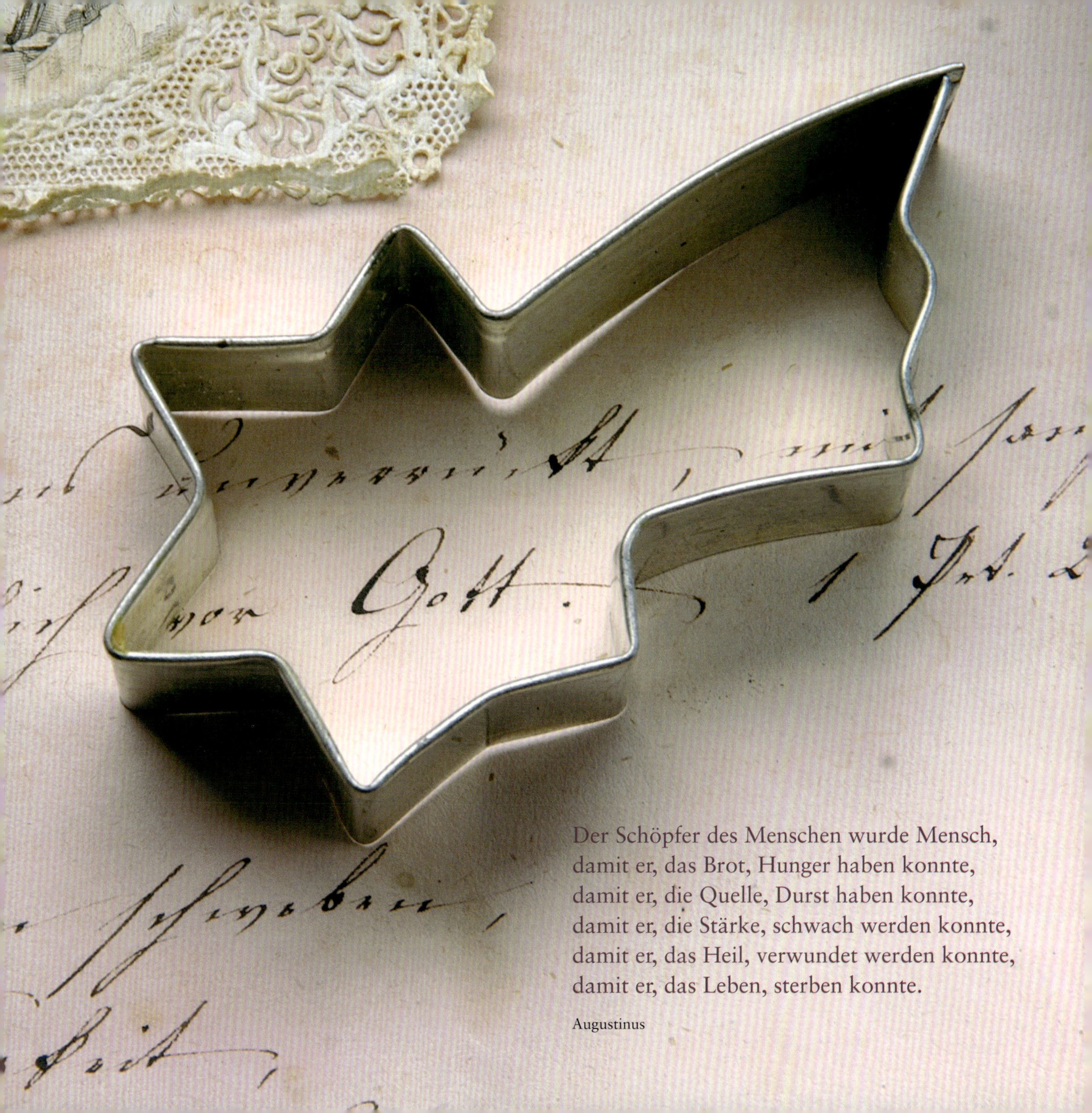

Der Schöpfer des Menschen wurde Mensch,
damit er, das Brot, Hunger haben konnte,
damit er, die Quelle, Durst haben konnte,
damit er, die Stärke, schwach werden konnte,
damit er, das Heil, verwundet werden konnte,
damit er, das Leben, sterben konnte.

Augustinus

Als die Engel in den Himmel zurückgekehrt waren,
sagten die Hirten zueinander: »Kommt, gehen wir nach Bethlehem!
Wir wollen das Wunder, von dem der Herr uns erzählen ließ,
mit eigenen Augen sehen.« Sie liefen, so schnell sie konnten, ins Dorf
und fanden Maria und Josef und das Kind in der Futterkrippe.
Da erzählten die Hirten allen, was geschehen war
und was der Engel ihnen über dieses Kind gesagt hatte.

Lukas 2,15-17

*In der Heiligen Nacht tritt man gern einmal aus der Tür
und steht allein unter dem Himmel, nur um zu spüren,
wie still es ist, wie alles den Atem anhält,
um auf das Wunder zu warten.*

Karl Heinrich Waggerl

Friedensfürst

Auf einmal war der Engel von den himmlischen Heerscharen umgeben, und sie alle priesen Gott mit den Worten: »Ehre sei Gott im höchsten Himmel und Frieden auf Erden für alle Menschen, an denen Gott Gefallen hat.«

Lukas 2,13-14

Alle Lichter, die wir anzünden,
zeugen von dem Licht,
das da erschienen ist in der Dunkelheit.

Friedrich von Bodelschwingh

Jesus sagt: »Ich bin das Licht der Welt.
Wer mir nachfolgt,
braucht nicht im Dunkeln umherzuirren,
denn er wird das Licht haben,
das zum Leben führt.«

Johannes 8,12

Denn das Volk, das in der Dunkelheit lebt, sieht ein helles Licht.
Und über den Menschen in einem vom Tode überschatteten Land strahlt ein heller Schein.

Jesaja 9,1

*Der Herr, dein starker Gott,
der Retter, ist bei dir.
Begeistert freut er sich an dir.
Vor Liebe ist er sprachlos ergriffen
und jauchzt doch mit lauten
Jubelrufen über dich.*

Zefanja 3,17

Siehe, dein König kommt zu dir, ein Gerechter und ein Helfer.

Sacharja 9,9 (LUT)

Das ist das Wunder der heiligen Weihnacht,
dass ein hilfloses Kind unser aller Helfer wird.

Friedrich von Bodelschwingh

Gelobt sei Gott, der Vater unseres Herrn Jesus Christus,
der uns gesegnet hat mit allem geistlichen Segen im Himmel durch Christus.

Epheser 1,3 (LUT)

*Weihnachten heißt: Der Mensch hat eine Zukunft.
Es kommt auf ihn an.
Die ewige Liebe ist für den Menschen, sie ist nicht gegen ihn,
und auch ohne ihn will sie nicht sein.*

Albrecht Goes

Christus steht nicht hinter uns als unsere Vergangenheit,
sondern vor uns als unsere Hoffnung.

Friedrich von Bodelschwingh

Die Geburt Jesu in Bethlehem
ist keine einmalige Geschichte,
sondern ein Geschenk, das ewig bleibt.

Martin Luther

Ich steh an deiner Krippe hier,
O Jesu, du mein Leben;
Ich komme, bring und schenke dir,
Was du mir hast gegeben.
Nimm hin, es ist mein Geist und Sinn,
Herz, Seel und Mut, nimm alles hin
Und lass dir's wohlgefallen.

Da ich noch nicht geboren war,
Da bist du mir geboren
Und hast mich dir zu eigen gar,
Eh ich dich kannt, erkoren.
Eh ich durch deine Hand gemacht,
Da hast du schon bei dir bedacht,
Wie du mein wolltest werden.

Ich lag in tiefster Todesnacht,
Du warest meine Sonne,
Die Sonne, die mir zugebracht
Licht, Leben, Freud und Wonne.
O Sonne, die das werte Licht
Des Glaubens in mir zugericht't,
Wie schön sind deine Strahlen!

Ich sehe dich mit Freuden an
Und kann mich nicht satt sehen;
Und weil ich nun nichts weiter kann,
Bleib ich anbetend stehen.
O dass mein Sinn ein Abgrund wär
Und meine Seel ein weites Meer,
Dass ich dich möchte fassen!

Wann oft mein Herz vor Kummer weint
Und keinen Trost kann finden,
Da ruft mir's zu: „Ich bin dein Freund,
Ein Tilger deiner Sünden.
Was trauerst du, o Bruder mein?
Du sollst ja guter Dinge sein,
Ich zahle deine Schulden."

Du fragest nicht nach Lust der Welt
Noch nach des Leibes Freuden;
Du hast dich bei uns eingestellt,
An unsrer statt zu leiden,
Suchst meiner Seele Herrlichkeit
Durch dein selbsteignes Herzeleid;
Das will ich dir nicht wehren.

Eins aber, hoff ich, wirst du mir,
Mein Heiland, nicht versagen:
Dass ich dich möge für und für
In, bei und an mir tragen.
So lass mich doch dein Kripplein sein;
Komm, komm und lege bei mir ein
Dich und all deine Freuden!

Paul Gerhardt (1653)

In jener Nacht hatten ein paar Hirten
auf den Feldern vor dem Dorf ihr Lager aufgeschlagen,
um ihre Schafe zu hüten.
Plötzlich erschien ein Engel des Herrn in ihrer Mitte.
Der Glanz des Herrn umstrahlte sie.

Lukas 2,8-9

Denn es ist geboren die Liebe.
Denn es ist geboren der Friede.
Denn es ist geboren die Gerechtigkeit.
Denn es ist geboren die Hoffnung.
Denn es ist geboren die Freude.
Es ist geboren das Licht in der Welt.

Aus Brasilien

*Jesus sagt: „Ich bin der gute Hirte.
Der gute Hirte opfert sein Leben für die Schafe."*

Johannes 10,11

Jesus sagt:
„Ich habe euch genauso geliebt,
wie der Vater mich geliebt hat.
Bleibt in meiner Liebe."

Johannes 15,9

Kann uns noch irgendetwas von der Liebe Christi trennen?
Wenn wir vielleicht in Not oder Angst geraten, verfolgt werden,
hungern, frieren, in Gefahr sind oder sogar vom Tod bedroht werden?
Ich bin überzeugt: Nichts kann uns von seiner Liebe trennen.
Weder Tod noch Leben, weder Engel noch Mächte, weder unsere Ängste
in der Gegenwart noch unsere Sorgen um die Zukunft,
ja nicht einmal die Mächte der Hölle können uns von der Liebe Gottes trennen.

Römer 8,35.38

Doch dann zeigte Gott, unser Retter, uns
seine Freundlichkeit und Liebe.
In seiner großen Güte
sprach er uns los von unserer Schuld.
Nun wissen wir, dass wir das
ewige Leben erben werden.

Titus 3,4.7

Der Retter – ja, Christus, der Herr –
ist heute Nacht in Bethlehem,
der Stadt Davids, geboren worden!

Lukas 2,11

Gerechtigkeit
Liebe
Wasser des Lebens
Weg
Tür
Herr der Herrlichkeit
Sohn nach Gottes Herzen
Quelle des Lebens
Bräutigam
Helfer
Hoherpriester
König der Könige
Friedefürst

wunderbarer Ratgeber
Bruder
Brot
Hoffnung
Alpha und Omega
wahrer Weinstock
Jesus
guter Hirte
Licht
Wahrheit
Leben
Freiheit
Retter
Freund
Name aller Namen
Freude
Friede

Jesus –
wer ist er für dich?

Wir feiern Weihnachten, auf dass diese Geburt auch in uns geschieht.
Wenn sie nicht in mir geschieht, was hilft sie mir dann?
Gerade, dass sie auch in mir geschieht, darin liegt ja alles.

Meister Eckhart